AUX ALGÉRIENS.

SYSTÈME

DE

COLONISATION

PAR FERDINAND CAMBON.

> Sur le caractère de la religion chrétienne et celui de la mahométane, on doit, sans autre examen, embrasser l'une et rejeter l'autre : car il nous est bien plus évident qu'une religion doit adoucir les mœurs, qu'il ne l'est qu'une religion soit vraie.
>
> C'est un malheur pour la nature humaine lorsque la religion est donnée par un conquérant. LA RELIGION MAHOMÉTANE, QUI NE PARLE QUE DE GLAIVE, AGIT ENCORE SUR LES HOMMES AVEC CET ESPRIT DESTRUCTEUR QUI L'A FONDÉE.
>
> MONTESQUIEU, *De l'Esprit des Lois*, Ch. IV.

<table>
<tr><td>CONSTANTINE
CHEZ. L. MARLE, LIBRAIRE
2, rue d'Aumale, 2.</td><td>PARIS
CHEZ CHALLAMEL, LIBRAIRE
30, rue des Boulangers, 30.</td></tr>
</table>

1871

PRÉFACE.

Comme une feuille tient aux branches, les branches au tronc, ainsi rien de ce qu'on écrit ne saurait être étranger au corps social.

Mais j'aime à croire qu'au moment où ces lignes paraîtront, notre République sera affermie; qu'elle passera peu à peu dans les mœurs, et qu'aujourd'hui en République, la France deviendra tous les jours républicaine; que son tempérament et son caractère général seront ainsi. Pas plus qu'un homme, un peuple ne saurait être un républicain du lendemain foncièrement vrai.

Le temps est une chose qu'on ne saurait remplacer par rien. C'est lui qui, permettant aux mortiers de sécher et durcir, peut donner à un monument la solidité.

J'aime à croire que le sang qui s'extravase, à cette heure, de ses fondations, sera étanché; que sur ses bases, largement assises, s'élèveront graduellement les œuvres de l'homme qui, comme autrefois le temple de Jérusalem, doivent être le temple de Dieu.

Ces œuvres de l'homme sont les œuvres législatives.

Il faudra porter le fer et le feu dans la législation du vieux monde, répartir, au nom de l'égalité, la base de l'impôt d'une manière égale, équitable.

Je crois que tout est là, dans cette répartition, tant la question économique est la question sociale par excellence.

Des inégalités économiques naissent les mécontentements qui sont les éléments révolutionnaires.

Les réformes économiques, qui sont le côté matériel, le corps de la question, peuvent seules amener et conduire à bien la Révolution Pacifique, cette œuvre dévolue à notre génération, à qui rien n'aura manqué de ce qui peut donner l'expérience, sans laquelle on n'est rien : je veux dire, la vue d'une fausse prospérité et l'épreuve des plus grands malheurs.

Ce n'est point le pauvre qui doit payer, c'est le riche. Ce n'est point celui qui ne possède pas, c'est celui qui possède.

Vous avez inventé mille impôts, grevant tous bien plus la production qu'ils ne pèsent sur l'impôt foncier direct — les droits de mutation, d'enregistrement, d'octroi, l'impôt excessif des boissons.

Et tel homme qui a cent mille livres de rente, peut ne rien payer à l'État.

Mais vous demandez à l'ouvrier, j'appelle ainsi tout homme qui fait œuvre de ses mains, vous lui demandez l'impôt locatif.

La base de l'impôt, c'est le sol et le capital.

Vous avez fait de ce dernier le roi de l'époque, et vos impôts sont encore ce qu'en a dit Mézerai, « qu'ils « en créent d'autres et ne meurent jamais. »

J'aime à croire que notre République sera affermie;

Qu'elle aura des alliances, des amis comme en ont les sages, qu'élevant en dogme la fraternité des peuples, les nations verront autant en elle une sœur, qu'elle-même verra dans les peuples des frères.

Ici, je demande qu'on veuille bien suppléer à mon obscurité et me comprendre; j'ai dit que les nations doivent voir en elle une sœur. Il ne faut point que la France soit l'objet des méfiances; pour cela, il suffira de ne point s'exagérer les devoirs de peuple à peuple.

La France a aujourd'hui trop à faire chez elle pour ne point ériger en principe la non-intervention, la doctrine de Monroë.

Comme une personne absente depuis un long temps de sa maison, elle voit tout en désordre.

Elle a des convulsions à calmer, d'infidèles valets à chasser, des comptes à régler, des finances à ordonner, les enfants à élever, les hommes à instruire et à armer, des travaux à exécuter. C'est pour les Thiers, les Gambetta autant qu'ils pourront faire. Il est à croire que le génie de la liberté ne s'est point éteint, que les caractères succèderont aux caractères, les intelligences aux intelligences et que nos propres forces suffiront à nos propres fardeaux.

Et il est à croire aussi que le jour où la France resplendira dans une ère de liberté, les autres nations s'éclaireront à sa lumière; que, comme un phare lumineux, elle projettera ses rayons jusqu'au fin fond de l'Europe; que le paysan du fond de la Russie tournera les yeux vers elle, et fera lui-même ses propres libertés.

Mais le temps est une chose qu'on ne saurait remplacer par rien, et la semence jetée aujourd'hui, ne saurait être mûre demain.

Les plus impatients des êtres créés sont les éphémères.

Ce n'est point à l'intervention armée que doit porter l'amour des peuples, elle ne peut que conduire à compromettre l'œuvre des siècles et à mettre la France aux mains d'un soldat.

Malgré son admirable situation entre deux mers; malgré l'étendue de ses côtes, la fertilité de son sol; malgré la multitude de ses productions, due à son climat varié, la France ne saurait songer à exagérer son rôle dans le monde. Il est assez beau et assez grand par la nature même des choses.

Elle est riche, chacun connaît ses richesses. Elle est peuplée, et les industries du Nord, les vignes du Midi, assurent, par un travail certain, la vie et le développement de cette population. Je parle de la vigne, car de toutes les grandes cultures, c'est celle qui nécessite le plus de bras.

Quant au caractère national, il est tel qu'on le rencontre dans l'histoire; c'est le Franc chantant dans la fosse aux vipères, c'est le Gaulois élargissant ses blessures vainqueur des Germains, c'est Vercingetorix, c'est le Galate, ce sont les croisés, c'est le garde-français de Fontenoy, c'est le soldat de la République bivouaquant pieds nus sur la place d'Amsterdam, celui-là même que Bonaparte trouva à son arrivée à l'armée d'Italie, qui, manœuvrier, se laissait tourner et combattait froidement, l'ennemi devant, sur son flanc et sur ses derrières.

Ce soldat-là, ni le légionnaire romain, ni les suisses, ni les lansquenets, ni personne, de l'ont égalé. Type immortel de la bravoure et du dévouement à la patrie, il a été donné à la France de le fournir.

Mais voyez la force destructive du despotisme : les caractères étaient éteints, les intelligences obscurcies, la nation désarmée.

Voltaire dit du roi Philippe VI, à Crécy, qu'un roi qui n'avait pas de canons quand son adversaire en avait ne méritait pas de vaincre.

Que dirait-il aujourd'hui : nous avions, aux premiers jours de la guerre, quatre cent cinquante mille chassepots et la Prusse dix-neuf cent mille !

Où trouver des paroles pour maudire? Où puiser des imprécations pour flétrir?

Cette face blêmie, ce caractère éteint, ce vieillard corrompu, que je ne veux point nommer, était devenu la France!

Sur lui, sur les siens, je comprends, toutes les colères, toutes les haines sont légitimes.

Pour nous tirer de notre abaissement que nous reste-t-il? La liberté se dresse seule comme un labarum éternel autour duquel doivent se grouper, se rallier tous les cœurs, toutes les intelligences; et, comme moyens pratiques, l'étude des besoins économiques et moraux de notre pays. Mais que ce ne soient point de vaines études qui n'engendrent que des utopies, que ce ne soient point les rêves malsains de ceux qui se mirent dans leur propre imagination, que le spectacle du développement des grands peuples de cette époque ait pour nous son enseignement!

Sans cela, ô ma patrie! après l'heure des sacrifices, il ne nous resterait qu'une résignation stérile et, pour tous les cœurs français encore, le spectacle déchirant d'un peuple dégradé, d'une nation fournissant à l'univers, comme sous l'Empire, des cuisiniers et des coiffeurs, et devenue l'auberge du monde.

Mais non, la liste de nos fautes est trop grande, le cours de nos malheurs trop complet, pour que nous n'ayons pas fourni toute la carrière.

L'heure des réformes est venue, les filles de France

n'abdiqueront pas, comme autrefois la fille de Babylone tourna la meule.

L'heure des réformes est venue. Ces réformes sont partout, elles couvrent le sol.

Sous l'Empire, Paris s'était développé comme une gigantesque excroissance. Des dérivatifs semblaient partout creusés sur la France pour apporter la vie à la capitale.

C'était un monde de valets, d'employés de cour, d'officiers de boudoir, de courtisanes, de soldats de caserne, de maçons, d'ouvrières, dont la luxure ou le luxe étaient les seuls emplois.

Les champs étaient abandonnés, les cultures sans machines, les campagnes sans instituteurs, les enfants de la Creuse étaient tous à Paris soldats ou maçons.

Ainsi, les départements du Languedoc et de la Bourgogne payaient eux-mêmes, en partie du moins, l'octroi de Paris; leurs bras le construisaient, leurs terres payaient. Tels étaient matériellement les effets d'une centralisation excessive.

Les riches propriétaires étaient à la Cour, au Sénat ou à la Chambre dite *des députés*.

Les jeunes gens se tenaient sur les boulevards ou dans l'officine des journaux sains ou malsains.

L'absentéisme était entier. Sa terre était devenue de brique.

Et dans cette accumulation de gaz méphitiques où

les lumières s'éteignaient, vivait et respirait tout ce qui n'était plus la France.

Tout ce qui vivait là lui était aussi étranger que les bouges de Pékin.

Si les œuvres de Thiers, de Victor Hugo, les éclairs de paroles de Jules Favre, de Gambetta, venaient consoler les esprits veillant encore dans le sommeil général, ce qui se disait la France, dans cette atmosphère surchargée, où l'haleine de l'homme est mortelle à l'homme, produisait, écoutait et applaudissait la *Grande-Duchesse de Gérolstein.*

Et, pendant que l'on subventionnait les théâtres, que les municipalités de Paris prenaient des mesures qui, d'une manière factice empêchaient le renchérissement du pain, faisant ainsi le *panem et circenses* du peuple romain, tandis qu'il était si facile d'augmenter les sources de production, les champs étaient à peu près délaissés, l'Algérie était une arène, un Champ de Mars, l'instituteur végétait, les campagnes étaient sans instruction, la charrue sans son ouvrier.

Ah! ne demandez point ce qui est à faire, mais baissez-vous vers la terre et la travaillez. Prenez un livre et apprenez à l'enfant ce qui est écrit.

Dites-lui ce qu'il doit à Dieu et aux hommes, afin qu'il sache de bonne heure distinguer le juste de l'injuste.

Apprenez-lui de bonne heure à se servir d'une

arme et d'un outil, et dites-lui que celui qui en veut à sa liberté est son ennemi.

Que son premier cathécisme soit la Constitution de son pays.

Laissez-lui ce qu'il faut de liberté, ne l'attachez point; il ne brisera point sa longe, il ne s'échappera point.

Laissez-le libre, il en profitera pour bien faire.

Ne l'élevez point dans cet amour désordonné de la vie, qui est la crainte absurde de la mort.

Maîtrisez chez les femmes l'amour du luxe. Couvrez leurs épaules. Apprenez aux jeunes filles, à peu de chose près, ce que vous apprenez aux jeunes hommes, pour qu'elles pensent aux devoirs dont naissent les droits.......... Qu'elles oublient ce qu'on a appellé l'adoration de la force ou le culte du ruban rouge, et, devenues femmes, elles ne feront point des enfants fonctionnaires-nés, cette population de l'Empire, mais des hommes, des républicains !

Tébessa, 1er mars 1871.

COLONISATION.

Notre pays ne colonise pas aussi vite que l'Amérique et la Grande-Bretagne, car il veut s'assimilier la population et non la détruire.

Émile JOUVEAUX, l'*Amérique actuelle*.

Me plaçant entièrement en dehors de tout désir de briller, je voudrais ne dire ici que des choses utiles et résoudre ce problème qui se pose ardu, devant tout observateur désintéressé, ce problème de la colonisation algérienne.

Les obstacles que le peuplement de l'Algérie a rencontrés, tiennent-ils à la nature même du sol et du climat, ou sont-ils le résultat des bouleversements économiques que les périodes de guerre ont amenés et de l'état social de l'islamisme?

Telles sont, je crois, réduites à leur plus grande simplicité, les données du problème.

L'histoire, bien avare de détails dans les livres, mais plus démonstrative dans les monuments que l'art romain a laissés partout sur notre sol, nous montre l'Algérie, peuplée à l'époque romaine, d'environ sept millions d'habitants. Toute la ligne du Tell, qui doit être fixée, je crois, au point du partage des eaux, qui, d'une part, coulent dans la Méditerranée, et d'autre part dans le Sahara, était livrée à la culture intensive et à l'élève du gros bétail.

La terre y avait une grande valeur. A défaut d'actes conservés, je ne veux pour preuves que les travaux considérables que les colons élevaient partout dans la montagne, pour soutenir et conserver les terres.

Partout on peut voir encore des murs de soutènement et des restes de terre transportées à grands efforts.

J'ai étudié l'Algérie sur elle-même ; les géomètres, les chasseurs, les touristes éclairés qui l'ont parcourue ne me contrediront point.

Le versant opposé de la ligne du partage des eaux, c'est-à-dire les hauts plateaux, étaient occupés par des nomades qui, toujours à la recherche de pâturages nouveaux pour leurs troupeaux, circulaient jusqu'au désert, protégés et maintenus par les nombreux *Prœsidia*, postes avancés que les Romains y avaient construits. Tels nous les voyons encore, et les inscriptions qu'on y peut recueillir, affirment leur destination.

Pour les habitants de ces plateaux qui, aux moindres pluies, se couvrent d'une herbe fine et succulente, l'élève du mouton était la principale et presque la seule ressource.

Tous les auteurs anciens qui ont parlé de l'Afrique, s'accordent sur ce point. Polybe cite leurs innombrables troupeaux, tels qu'il n'en a point vu ailleurs ; et le doux Virgile lui-même ne manque point, dans ses Géorgiques, de chanter les aptitudes merveilleuses de ces nomades pour l'élève du mouton et leur système sans pareil, la transhumance.

Et cependant, des vastes landes, aujourd'hui sans valeur vénale, sont, par la vapeur, à trois journées de Marseille, à six journées de Londres.

Les terres du Tell que les colons romains payaient

un haut prix, sont peu recherchées et ce pays qui porte en lui-même tous les éléments nécessaires à la vie d'un peuple, qui peut tout produire , qui peut remplacer la houille absente ou rare par ses fôrets, ce pays est lui-même déprécié.

A qui la faute? Le coupable, ai-je besoin de le nommer, c'est le système militaire, c'est l'empire.

Je ne ferai point son procès qui n'est point à faire, le passé m'occupe peu, seul; le problème de l'avenir de l'Algérie se déroule devant moi, et, si j'ose le dire, ce problème qui, à mes commencements d'étude, m'est apparu hérissé de difficultés, je le vois dans toute sa simplicité de formes, comme une série d'idées bonnes, c'est-à-dire simples et droites.

Comment n'en serait-il pas ainsi? La seule difficulté à vaincre est dans l'antagonisme de la race arabe.

Quant au pays lui-même, le parallélisme des lignes et l'égalité générale des altitudes en font toutes les parties ysothermes, c'est-à-dire que le même système économique qui conviendra à l'Est de la province de Constantine, conviendra à l'Ouest de la province d'Oran, ainsi d'un point à un autre.

CAUSES DE LA DÉPOPULATION.

Ces causes de dépopulation, qui ont réduit un peuple de sept millions d'habitants au chiffre de trois millions, je les vois toutes dans les révolutions politiques qui ont ensanglanté ce pays aux VIIe siècle et suivants, et dans l'état social de l'islamisme.

Les variations météorologiques, les sécheresses prolongées, les dénudations du sol par les incendies, les prétendues diminutions des sources, toutes ces causes qui se présentent à l'esprit de l'observateur superficiel ne sont pour rien dans ces décroissances de population.

Le manque absolu de récolte des céréales, est toujours une chose très-rare, de plus, les colons des Ve, VIe et VIIe siècles avaient d'autres cultures. L'olivier s'étendait partout, et les ruines des oliveries couvrent encore le sol en bien des endroits. Tel district que je pourrais citer peut encore compter deux cents usines de ce genre, dont les débris couvrent le sol. Que d'autres ont disparu !

Mais la conquête du pays par les Vandales au VIe siècle était à peine achevée, les cultures avaient à peine repris, que les Byzantins survenaient et le ravageant encore le soumettaient de nouveau.

Un nouvel ordre n'était pas rétabli, que les lieutenants de Mahomet passaient comme un feu qui dévore.

Et aujourd'hui, que voit-on encore sur toute la surface du pays ?

Presque tous les monuments romains, les maisons, les villas, avaient été transformés en forteresses. On vit les Bysantins, surpris dans cette brusque invasion, obligés de s'entourer de tours, de remparts, et au plus vite. Avec les matériaux des temples, des établissements publics, des maisons ruinées, il fallut construire de derniers asiles où la défense tint quelque temps enor e, puis s'abîma.

Montesquieu dit qu'un peuple n'est jamais plus faible que lorsqu'il est obligé de tout transformer en forteresses. Nous pouvons voir sur notre sol toutes les enceintes byzantines, témoins irrécusables de cette vérité.

Pendant ce temps, qu'étaient devenus les cultures, les troupeaux? Et que pouvaient les Arabes, dans leur fanatisme et leur ardeur conquérante pour la colonisation d'un pays?

Ce que le pays devint, nous l'avons vu, nous le voyons encore. Tel les Romains l'ont laissé, tel nous le retrouvons; un si court espace de temps n'en a modifié, ni la physionomie, ni le fond lui-même.

Les montagnes n'étaient guère plus boisées, car, si d'une part, les incendies volontaires des Arabes détruisaient, d'autre part, la force régénératrice de la nature procréait; et les graines ailées du pin d'alep, du cèdre, le gland du chêne, se semaient et repoussaient à l'envi.

Et, si le lavage continuel des pluies emportait quelque peu la terre végétale des montagnes trop rapides, on peut dire que les plaines en ont profité, car nous les retrouvons fertilisées et fécondées par l'humus et le calcaire des monts.

Quant aux eaux, aux sources, aux rivières, elles sont bien ce qu'elles étaient au temps des Romains.

De leur temps, déjà, l'eau était rare, les relations des historiens l'affirment, leurs grands travaux hydrauliques nous le prouvent.

On voit encore aujourd'hui, tel conduit, tel aqueduc au ciment résistant qui, prenant l'eau à telle source, n'a que les dimensions pour le volume de l'eau que cette source exigerait encore.

C'est là, je crois, un signe certain de la parité des temps anciens aux temps modernes.

Et si cette terre est bien ce qu'elle était, ce qui est pour nous une conviction ; si la colonisation romaine n'a cédé qu'aux révolutions politiques, aux fléaux des guerres, ce qui est démontré par l'histoire , que ne ferons-nous pas au siècle présent où, malgré les malheurs du moment, il est permis de croire à une paix que pourront sceller un congrès des nations, une fédération des républiques?

Que ne ferons-nous pas? Car nous avons des moyens nouveaux, des forces nouvelles.

Nous avons au-delà des mers des marchés plus considérables qu'aux temps anciens, et puis, la vapeur.

Nous avons aussi une chose, qu'eux n'avaient pas, qui par son absence empêcha, entrava singulièrement la colonisation romaine, en ce pays où les cours d'eau sont souterrains.

Je veux dire la noria dont l'invention ne date que du XIIIe siècle.

La noria est en effet d'invention arabe, on n'en trouve mention pour la première fois, que dans la conquête de l'Espagne par les Maures, courte et radieuse, où le peuple arabe donna à tous les arts un éclat que des guerres de toute sorte laissèrent si peu durer.

C'est là, bien certainement, une des gloires de ce peuple essentiellement agriculteur.

Il est facile d'imaginer, je le répète, l'état d'infériorité auquel l'absence de cet engin condamnait l'agriculteur aux temps des Romains, comparativement à l'époque présente.

Que de plaines n'eussent-ils point fécondées, dans lesquelles l'eau, n'arrivant pas à la surface, se trouve à une profondeur minima de 4 ou 5 mètres.

C'est à cette profondeur là et au-dessous, qu'on trouve généralement les nappes d'eau dans les hauts plateaux qui bordent la ligne du partage des eaux.

PEUPLEMENT ET PLANTATIONS.

L'Arbre : *In hoc signo vinces.*

Je devrais écrire plantations et peuplement, car les unes doivent précéder l'autre.

Il est écrit dans l'histoire de notre planète (1), que l'arbre précéda l'homme. Il eut pour mission de résorber l'acide carbonique dans lequel l'homme ne pouvait point vivre.

Cet acide carbonique, sorti de la terre aux dernières convulsions du chaos, flottait encore à sa surface en telle quantité que les reptiles seuls y pouvaient vivre. C'était l'époque du mégalosaure.

Quels que soient les changements que sept ou huit mille ans ont amenés dans les saisons et la physionomie de la terre, les éléments sont les mêmes. Et l'acide carbonique que contient encore la terre, ne manque pas d'en sortir par les petites déchirures que lui font la charrue et la pioche du défricheur.

Or, l'acide carbonique est le générateur de la fièvre, de cette fièvre, que nous tous colons, nous avons vue à notre chevet ;

De cette fièvre, qui prend le laboureur dans son sillon inachevé, pour ne l'abandonner quelquefois qu'au champ du repos ;

---

(1) Les dryites ne manquent point en Algérie ; ils sont certainement antérieurs à l'âge de pierre. *(Note de l'auteur.)*

Qui, infectieuse et contagieuse, n'épargne pas même l'enfant assis au foyer.

Cet acide carbonique, qui le résorbera? Qui portera en lui l'antidote de la fièvre? L'arbre, ce frère aîné de l'homme sur la terre.

Voyez quelle sympathie il existe entre l'arbre et l'homme.

N'avez-vous jamais planté?

Voyageur, ne vous-êtes vous jamais détourné de votre route dans nos plaines désolées, pour passer à côté d'un arbre, le voir et sympathiser un instant avec lui?

N'avez-vous jamais interrogé dans nos montagnes, un vieux chêne sur toutes les choses qu'il avait vues? Vraiment, vous n'auriez pas vécu.

Voyez-le, car j'imagine que rien de particulier ne vous pousse à vous considérer comme le roi de la création, et que vous étendez à tous les êtres créés, ce sentiment de fraternité que vous avez pour vos semblables ; voyez-le, et ne vous demandez pas quel fut le plus grand auxiliaire de l'homme sur la terre, et ne vous étonnez pas de la sympathie reconnaissante qui existe entre l'homme et ce géant.

C'est lui qui épura la terre de tous les gaz carboniques, qui mit dans la main de l'homme nouveau-venu, sa première arme contre les fauves ; qui lui offrit dans son sein ou sur ses branches son premier asile ; qui, encore au lendemain de la première idée nouvelle, du premier progrès, offrit à la femme son premier vêtement;

Qui, même quand l'ordre des choses changeait, bon quand même, desséchait les marais par ses profondes racines, assainissait l'air, et, enfin, lorsque par ses variations sur son axe, la terre voyait ses jours devenir inégaux, les hivers plus longs, offrait à l'homme ses abris, se consumait pour lui.

Où trouver un tel auxiliaire? C'est lui qui dit à l'homme, son puîné, devenu après mille métamorphoses, colon algérien, c'est lui qui dit : pour toi, j'assainirai l'air que ton travail viciera ; de même qu'autrefois j'ai desséché les marais, je ramènerai les pluies bienfaisantes. Pour toi, je saurai saisir les nuages dans l'air et les fixer à tes plaines. Je doublerai ma force par tes montagnes ; et, si une forêt vaut une montagne pour amener la pluie, je montrerai la puissance logarithmique des montagnes couvertes de fôrets.

C'est ainsi qu'il parle.

A moins que vous ne trouviez que les choses n'ont point un langage, les forêts leur bruissement, les planêtes leur poëme d'ordre universel, la femme sa poësie..... vous qui trouvez à l'or un tintement.

COMMENT BOISER ?

Telle se présente la question, dans son côté pratique avec toutes ses difficultés d'exécution.

De tous les gouvernements, le gouvernement républicain est assurément celui sous lequel on peut le plus planter.

Ce n'est point là une chose risquée, les États-Unis sont une preuve de la colonisation des institutions libres, et Montesquieu ne dit-il pas dans ses *Considérations sur la grandeur et décadence des Romains* que les pays sont cultivés en raison de leur liberté.

Ce n'est point assurément au gouvernement lui-même qu'il faut demander de planter, il ne manquerait point d'en charger une administration, et chacun sait ce qu'une administration peut faire. L'empire en avait fait, des administrations, de grandes dames, tout faveurs.......... ce qu'elles ont été, elles le seront encore. Passons.

Les boisements seront l'affaire des Conseils généraux, lorsque ces Conseils seront quelque chose.

Leur rôle sera de faire appel aux initiatives privées, aux sociétés, aux communes.

En ces derniers temps, nous avons vu ce que peut, dans tout son développement, la puissance collective. Nous avons vu des sociétés venant au secours de l'armée et de la nation.

C'est à ce principe surtout qu'il devra être fait appel.

Nous avons vu des sociétés, des comités de secours aux blessés et autres. Ils ont certainement fait de grandes choses.

Il y a en Angleterre, aux États-Unis, en Allemagne, des sociétés de tempérance. Pourquoi ne fonderait-on pas en Algérie des sociétés de plantation ?

Le siége principal, c'est-à-dire le président et le conseil d'administration seraient au chef-lieu du département ; des comités secondaires, sous la surveillance et la direction du conseil d'administration, seraient institués dans chaque centre agricole.

Ne seraient appelés à en faire partie que les colons et les indigènes propriétaires, les instituteurs et les prêtres.

Une rétribution mensuelle de un à cinq francs serait exigée de chaque membre, sans préjudice des versements volontaires qui, réunis à la rétribution, formeraient un capital de société destiné aux plantations d'intéret général.

En outre, tout membre s'engagerait moralement à planter sur son propre terrain, telle quantité d'arbres qu'il stipulerait dans son engagement.

Il serait fait appel aux communes, dont les Conseils municipaux pourraient prendre une part active à ce travail d'extension.

Au moyen de fonds votés, des pépinières pourraient être entretenues dans chaque ville ou village. L'État pourra lui-même venir en aide, en leur cédant à cet effet des terrains domaniaux.

Je n'ai point la prétention de formuler un programme de toutes pièces, ni de rien dire de complet. J'esquisse un projet, tout simplement. L'idée reçue, il ne manquera point de talents d'organisation, qui pourront, avec un peu de dévouement, former de tous ces rouages une puissante machine, c'est-à-dire une institution.

Quant aux résultats, ils seront immenses. Il est malheureusement exact, en Algérie, que ce sont les terrains les plus fertiles qui sont le plus dépourvus de bois. La cause en est facile à saisir.

Ces terrains ont de tout temps été les plus cultivés.

La culture demande beaucoup de bois. Il en faut pour la charrue, pour le soc lui-même, il faut du charbon. On laboure en hiver, il faut se chauffer, et dans ces mêmes nuits noires d'hiver, il faut des enceintes pour les troupeaux, des abris pour les bœufs de labour. Les bois, par la neige, étaient l'unique ressource des troupeaux. Bref, d'émondement en émondement, l'Arabe coupant un arbre pour avoir une branche, la forêt a peu à peu disparu.

La montagne, tous les jours, feuille à feuille, a quitté sa parure. Tous les sommets boisés qu'entouraient des coteaux fertiles où la culture était intensive, peu à peu se sont dégarnis.

Le voyageur chercherait en vain un peu d'ombre ; le nuage qui passe au ciel, voyageur aussi, ne trouve rien qui le fixe sur ces sommets désolés, et il passe, ne s'arrêtant que lorsqu'il trouve des monts plus propices.

Le but immédiat à poursuivre, concurremment avec les plantations partielles, serait le reboisement de tous ces sommets que chaque commune et chaque district possèdent en grand nombre.

C'est, je le répète, à la puissance du principe collectif qu'il faudra demander ces résultats.

Pour les atteindre, les initiatives individuelles devront s'allier aux sociétés, aux comités. Les comités devront s'unir aux communes. C'est Briarée aux cent bras. Ainsi, on atteindra le ciel lui-même, car le climat en sera sensiblement modifié.

Il sera facile, lorsque les tribus seront organisées en communes, de les intéresser à ce but. Leurs institutions communales en seront des garanties. Le garde-champêtre fera respecter par les bestiaux les semis et les jeunes pousses.

Il y a en France des sociétés d'agriculture dont on ne saurait nier les services. En Algérie, des sociétés de plantation ou sylviculture rendraient des services plus éminents encore. Elles contrôleraient au besoin l'administration des Eaux et Forêts qui, à son tour, devrait chaque année remettre au gouvernement un rapport établi par un de ses inspecteurs, délégué à cet effet, de rendre un compte exact des travaux des comités et de leur résultat utile.

Ces rapports seraient insérés dans tous les journaux de la colonie. Le journal est une force qu'il faut toujours utiliser pour le plus grand intérêt du pays.

LES DÉPUTÉS.

Il y a en France plus d'un député par cent mille hectares. J'ai toujours pensé qu'il fallait en Algérie, à ce point de vue, moins considérer le petit nombre de colons que la grande quantité d'hectares.

Ce pays, où tout est à faire, devrait avoir au moins quatre députés par province. Pour la province de Constantine, l'un d'eux représenterait le Tell, c'est-à-dire le Nord, l'autre la Kabylie, le troisième le Sud, le quatrième le sud, c'est-à-dire la partie frontière de la Tunisie. Chacune des populations de ces parties me paraît avoir, comme le pays lui-même, des physionomies différentes.

Il est aussi à considérer que le nombre des députés ne doit pas être basé seulement sur le chiffre de la population française ou européenne, et que les indigènes ne doivent pas perdre le bénéfice de la députation, encore qu'ils ne puissent être ni élus, ni électeurs, à moins de naturalisation.

DEVOIRS DES DÉPUTÉS.

Il y a les devoirs généraux ; de ceux-là, je n'en parlerai point.

Les hommes foncièrement républicains les connaissent.

Je voudrais seulement passer en revue les nécessités locales, qui doivent être, pour les députés, l'objet de projets de loi, et pour la chambre, de la sanction législative :

1° Les emplois publics rétribués par l'État ne devraient être abordables pour les indigènes, qu'après leur naturalisation accomplie. Ce serait là une prime d'encouragement qui aurait un effet utile très-grand.

La naturalisation leur serait facilitée, c'est-à-dire qu'elle devrait être sans lenteurs administratives. On suivrait pour cela le mode des Américains. Il devrait n'en coûter rien au naturalisé, de telle façon que ce progrès fût mis à la portée de tous.

La naturalisation entraînerait, en même temps que la jouissance des droits politiques, la soumission aux lois civiles.

L'aspirant, assisté de deux notables, n'aurait qu'à se présenter devant le maire, et à jurer qu'il porte en lui depuis trois années le désir de devenir français. Lecture lui serait faite de la Constitution, de ses droits, de ses devoirs généraux, qui sont la soumission

entière aux lois, et il serait sur son serment de fidé-
lité, sacré citoyen français.

Il va sans dire que le mode serait le même pour les
étrangers, européens et autres.

2° Une loi que je ne manquerais pas de demander
au député de mon choix, c'est une loi contre les vols
de bestiaux.

Tout voleur de mouton ou autre bétail, serait envoyé
pour trois années à Cayenne, pour vol de nuit. La
durée de la peine serait augmentée lorsque le vol
aurait eu lieu avec effraction.

L'élève du bétail sera longtemps, toujours même, la
plus sûre ressource du colon. L'Algérie, bien plus
rapprochée de Paris et de Londres que l'Australie et
l'Amérique, verra dans cette industrie sa plus belle
richesse.

A ce titre, je me demande si on ne doit pas
l'entourer de toutes les garanties, et si la propension
bien connue des Arabes au vol de bétail, ne doit pas
être combattue par les plus énergiques moyens.

Ce n'est point le cas d'examiner avec Beccaria, si
la pénalité doit être proportionnelle au délit.

Il y a un but à atteindre, c'est là une loi locale dont
la nécessité est inéluctable.

Le vol des troupeaux est dans les mœurs. Il faut
l'extirper, et le mal guéri, revenir par des adoucisse-
ments à des principes justes encore.

Demandez au berger, demandez au colon : il y a
pour un Arabe cent manières de voler les moutons,
comme il y a cent manières de les manger. C'est
tout un art dont la description m'entraînerait loin.

Un corrolaire obligé de cette loi, serait d'augmenter
la prime pour la destruction du chacal. L'État ou les
communes achèteraient cinq ou dix francs les seules

oreilles du chacal, qu'ils feraient encore de bonnes affaires. Je crois parler très-sérieusement.

La nuit, le jour, il suit les troupeaux, les inquiète et fait toujours quelque victime.

Établir la sécurité partout, à toute heure, ce serait donner à l'élève du bétail la plus grande impulsion qui puisse se faire.

3° Une autre loi, celle-là, draconnienne, absolue, je la demanderais contre tout fabricant de guerre sainte.

Les onze colons de Soukarras et les colons de Bordj demandent justice; est-ce un assez cruel enseignement?

Ceux que les condamnations à mort auraient épargnés seraient envoyés à Cayenne à perpétuité ; tel serait le principe de la loi contre les marabouts et leurs sectaires religieux.

Toute tribu qui aurait pris part à la révolte, serait, après l'exécution des principaux meneurs, dispersée par petites fractions sur toute l'étendue de l'Algérie. Son territoire serait confisqué au profit de l'État. Le nom de la tribu serait effacé des actes civils. La tribu, en tant que nom et caractère, disparaîtrait.

Son désarmement serait entier. Il serait interdit pour vingt années, à tout membre de cette tribu, de porter ou posséder des armes à feu et des armes tranchantes.

Pendant le même temps, il lui serait défendu de posséder des chameaux et des chevaux.

Le chameau étant la grande ressource des Arabes dans les déplacements qui suivent toujours les révoltes.

Des sévérités pareilles, dont l'exemple étouffera toujours dans son germe tout projet de révolte, ne peuvent être attendues que d'une administration civile. Un gouvernement civil est par essence plus sévère qu'un gouvernement militaire. Il a plus de sujets de craintes et beaucoup moins à espérer.

Par nature, l'autorité militaire en Algérie a toujours ménagé les insurrections, comme un chasseur ménagerait son gibier.

LA PROPRIÉTÉ INDIVIDUELLE.

> Et que voulez-vous que produise votre
> terre qui, comme une prostituée, est à
> tout le monde?
>
> *Indépendant*, du 16 janvier 1870.

Tel sera encore un des devoirs des députés, non pas pour le principe, il y a lieu de croire qu'il est admis, mais pour en presser l'exécution ; ce qui est bien encore quelque chose.

Je ne saurais à ce sujet dire des choses nouvelles, pas plus que démontrer son utilité qui est bien le *quod erat demonstrandum*.

MM. Warnier et Duval, dans leurs *Lettres à M. Rouher* ont à peu près tout dit.

Les domaniaux réservés, les communaux pour pacages délimités, il ne restera que les terrains de culture, qui tous, sans réserver ce que le sénatus-consulte de 1863 appelle le terrain collectif de culture, devront être répartis d'après l'état des personnes.

Une répartition égale entre tous les membres de la tribu est, je crois, un principe juste. Les mutations qu'il y a eu dans les fortunes depuis les trente années où ce principe aurait dû être appliqué, en font une nécessité absolue.

Les communaux devront être nombreux, divisés de

telle façon que les conseillers municipaux, c'est-à-dire
la djemâa de la tribu constituée en commune, puisse
louer ceux qui ne seront pas nécessaires aux troupeaux
de la commune même.

Ainsi se créeront des ressources.

Ainsi encore, pourra plus facilement pénétrer l'élément européen, qui, payant le sol, lui donnant une
valeur plus grande, en utilise davantage les produits,
et ne laisse point les fourrages sécher sur le sol.

HYDRAULIQUE.

La politique de la France en Algérie doit être essentiellement hydraulique, tel est l'axiôme algérien que formula un jour Jules Duval.

Et, penser qu'on trouva un *Constitutionnel* pour s'inscrire contre de telles vérités, et qui pis est, des abonnés et un gouvernement pour soutenir le *Constitutionnel*.

Des barrages, on peut en faire partout où la nature a placé une rivière, ou une source et un ravin aux bords argileux ou rocheux.

Il n'est point de commune si disgraciée de la nature qui n'ait un endroit où un barrage ferait bien et déculplerait, par un réservoir ne faisant qu'un avec le barrage, l'effet utile de l'eau.

N'est-ce pas là la chose cherchée de Algérie, le grand *desideratum*?

Quant aux fonds pour leur construction, sans parler des budgets provinciaux, mon opinion serait de les demander aussi aux communes mêmes. Et pour cela, on prendrait sur les chemins vicinaux.

Là encore, un projet de loi.

Il porterait que : la moitié des fonds et des prestations en nature destinée aux chemins vicinaux serait employée à des travaux hydrauliques utiles à la commune même.

Dans les écoles algériennes, un cours d'hydraulique

devrait être suivi. On y enseignerait les merveilles de cet art.

La puissance des inventions nouvelles décuplant la force des moyens nouveaux.

Telle est la vapeur, pour la mise en mouvement de la vis d'Archimède comme élévateur, pour les desséchements et irrigations dans les pays de plaines.

Le dessèchement des moëres, en Belgique et en France, est un grand exemple qui pourrait être appliqué aux irrigations dans bien des communes de ce pays.

Quant à la loi que je proposerais pour affecter aux travaux hydrauliques la moitié des fonds appartenant aux chemins vicinaux, il me paraît d'autant plus facile de l'admettre pour l'Algérie, que les chemins vicinaux n'auront jamais, vu la sécheresse du climat, besoin de l'entretien que leur nécessite en France le climat humide. Dans le nord et le centre de la France, pays de grandes cultures, les communes peuvent à peine y suffire par leurs propres moyens, dans un sol détrempé.

En est-il de même en Algérie ?

Et, de même qu'en France on a pu voir quelquefois, trop rarement, l'État venir en aide aux communes, on pourra voir en Algérie des choses pareilles pour les chemins vicinaux et les travaux hydrauliques que je ne séparerai point.

D'ailleurs, le jour où, par une plus sage répartition des forces vives, l'État laissera aux communes la moitié de l'impôt foncier, pour tirer les campagnes de leur abaissement, chaque commune se suffira.

Quant à la question hydraulique, élevée à la hauteur d'une question nationale, étudiée, approfondie, elle verra des hommes spéciaux qui font faire aux choses de discussion des pas de géant, et cette eau souterraine, ces sources nombreuses, seront comptées, évaluées, répandues et retenues avec économie sur toute la surface du sol.

Et il est à croire que, sollicitée par un travail incessant, la nappe d'eau élèvera son niveau et viendra à couler sur la terre au lieu de se creuser des canaux au-dessous.

Tel est, pour l'Algérie, qu'on me permette de me répéter, le corps de la question.

ÉTABLISSEMENTS DE CRÉDIT.

LES BANQUES.

> Rappelons notre définition de la Banque : « Un établissement ayant pour but de donner cours authentique aux effets souscrits par les particuliers, dont il connaît la solvabilité. » Ce n'est point une direction centrale ayant son siége à Paris, avec des mandataires dans les départements, qui peut remplir un pareil office Une administration locale indépendante, agissant sous le contrôle des intéressés, est seule compétente en pareille matière.
>
> PROUDHON : *Manuel du spéculateur à la Bourse.*

Il n'y aurait là qu'un mot à changer, mettez au lieu de Paris, Alger, Constantine ou Oran et cela est vrai pour nous.

Ce que les barrages-réservoirs peuvent contre les sécheresses, les banques le peuvent pour l'industrie, dont je ne séparerai pas l'agriculture, qui n'est rien autre qu'une industrie.

Et qu'a-t-on vu jusqu'à ce jour : les banques rares, les crédits à haut prix et rares encore. Et, qu'on me permette de sauter dans la question, tandis que le marchand de blé vendait son blé à trois mois, que le minotier vendait ses farines à soixante jours, le boulanger, à qui le crédit était plus mesuré qu'à tout autre, faisait lui-même de longs crédits, et, dans les centres agricoles, livrait au colon son pain payable à la récolte.

Ainsi, le plus grand effort était, par la nature même des choses, demandé à celui qu'on aidait le moins.

De là des tiraillements, des pressions auxquels résistent difficilement les petites machines qui représentent assez les petites maisons de commerce de l'intérieur.

Et tandis que le colon, à l'automme, jetait, dans ce geste auguste du semeur, dont parle Hugo, quelques mesures de grains déjà comptées, du reste, s'inquiétant peu de la longueur de l'échéance et de la surface de *solvabilité* du terrain à qui il prêtait ; tandis que le boulanger livrait son pain payable à la récolte ; si ce même boulanger s'adressait à la banque, je n'ose parler du colon lui-même, le roi de l'époque, le Capital, pesait son crédit plus parcimonieusement que le boulanger son pain et mesurait en dedans, la dite surface de solvabilité.

C'est que, quel que soit le bon esprit qui préside à la création de tout établissement de crédit ; quelles que soient les initiatives éclairées des directeurs, le manque de concurrence fait toujours tomber ces institutions dans les iniquités du monopole.

La Société générale a bien apporté sa petite part de concurrence à la Banque de l'Algérie, mais dans une trop faible mesure ; d'ailleurs, l'une est souvent vassale de l'autre. D'ailleurs, les mêmes agents les servent toutes les deux.

Au lieu de cela, pourquoi chacune de ces banques n'a-t-elle pas créé dans tous les chefs-lieux de district assez importants, sous le nom de banques agricoles, des comptoirs secondaires fonctionnant d'après les mêmes réglements et avec le même personnel, toutes proportions gardées, que le siége principal. On n'a point osé. On n'a pas su vaincre les résistances de l'administration militaire, qui verra toujours dans le commerce les moyens d'une indépendance gênante.

De grands services eussent été rendus, de grands pas en avant eussent été faits, et le chiffre d'affaires de la Compagnie eût triplé, et les actions de cinq cents francs, qui en valaient quatorze cent cinquante, se seraient encore beaucoup élevées.

Au lieu de cela, qu'avons-nous vu? Le riche Crédit foncier lui-même n'a point osé se montrer, sur les points éloignés qui sont cependant les branches fruitières, mais il est resté attaché au tronc comme un gui parasite.

C'est qu'il y a des qualités qui vont ensemble et la naïveté générale n'est point l'étoffe dont on fait le colon ; en revanche, elle s'allie très-bien à la timidité des actionnaires français dont les circonstances et le canon font les trembleurs.

Il ne tremble point le colon, le ciel est cependant inclément, la terre qu'il déchire lui a été interdite, l'autorité militaire a des arrière-pensées, elle sait lui dire : « On te cassera les reins. » Son compagnon, l'Arabe, qui le trahira, a des regards féroces. Mais lui, colon, il aime l'Algérie et ne sait pas même haïr l'Arabe. Il comprend tout.

LA CHASSE.

Je n'en parlerais point, si je ne voyais une loi à supprimer, une loi nouvelle à édicter.

Je ne voudrais point qu'en Algérie, et je ne le voudrais pas davantage pour la France, que la chasse fût un privilége à l'usage des citoyens riches.

Ils en ont assez.

Je voudrais cette liberté de plus, la chasse libre ; c'est-à-dire que celui qui a dans la semaine un jour de loisir, qui possède un bon fusil, des jarrets d'acier et un cœur de phosphore, pût en tout temps chasser en liberté.

La chasse est l'image de la guerre, elle vous formera des hommes.

De deux hommes, prenez le chasseur. La chasse développe bien des facultés.

Le gibier trouvera assez d'asiles et d'abris, sur des terres mieux cultivées, sur des montagnes plus boisées.

Si votre paysan français, qui est obligé de se cacher pour prendre au fil de laiton les lièvres qu'il nourrit lui-même, si le paysan, dis-je, eût été armé d'un fusil double comme chasseur, d'un chassepot comme milicien, la Prusse eût trouvé pour l'invasion, les difficultés d'exécution que prévoyait Paul-Louis Courier.

Qu'avez-vous fait de nous ? hélas !

Celà me rappelle que dans l'antiquité, on n'osait armer les esclaves.

LES INDIGÈNES.

> Lorsque vous rencontrez des infidèles,
> eh bien ! tuez-les au point d'en faire un
> grand carnage et servez fort les entraves
> des captifs.
>
> *Le Coran*, C. XLVII, v. 4.
>
> Infidèle est celui qui dit : Dieu est un
> troisième de la Trinité.
>
> *Ibidem*, C. V, v. 77.

La constitution des tribus, des douars en communes, sera l'assimilation par groupes, d'où doit découler, dans une période plus ou moins longue, l'assimilation individuelle.

Une loi se présentera, qui comme telle sera obéie ou brisera le récalcitrant, c'est la loi du travail, cette loi des sociétés modernes.

La civilisation comporte des besoins plus grands, c'est-à-dire augmente les difficultés d'existence, et chacun sait que dans les pays où la vie est difficile, les hommes sont plus laborieux.

Cette loi, par la nature même des choses, nous promet une transformation des Arabes dont la résultante serait l'assimilation.

L'enveloppe sera changée en apparence la première, soit que ce changement soit une conséquence forcée des changements intérieurs, soit qu'il doive marcher parallèlement à ces derniers.

L'Arabe changera son burnous, si commode pour dormir, pour dérober les objets volés, et sa tente où on ne peut rentrer sans se courber, ce qui conduit à se coucher, contre un vêtement plus commode pour le travail et une habitation plus appropriée aux besoins de la vie.

Cette transformation ne se fera pas sans déplacements de fortune, sans déchirements, sans souffrances. Qui dira les souffrances de la chrysalide dans son enveloppe ? Ainsi pour les nations, les sociétés dans l'enfance.

Mais la propriété individuelle nous la garantit ; elle sera une de ses conséquences. L'exemple de l'Européen, devenu son voisin, sera là pour le guider.

Prétendre que cette transformation ne se fera point, ce serait dire que la corruption organique des indigènes ne sera point suivie d'une décomposition assurée.

Une vie nouvelle naîtra de cette vie embryonnaire.

Cette corruption, cette décomposition sont pour nous, colons, des choses trop évidentes.

Mais les accusations les plus fortes, les récriminations les plus fondées ne sont que des banalités. Je parlais un jour à un de mes amis qui habite la ville (je veux dire Constantine), de ces nombreux faits tout simplement monstrueux qui sont des incidents naturels dans la vie des indigènes, dans leur administration, dans leur justice, et cet ami me dit : Vous devriez écrire tous ces faits-là, les noter. Je ne l'ai pas fait. M. H. Pelletier, l'auteur des *Tribulations d'un Colon* a eu plus de courage, et sa *Physiologie de la Tribu* est un tableau vrai, autant qu'il est navrant.

Ces choses étant, après la désagrégation qui résultera du mélange de l'élément européen, les tribus n'existeront que par groupes épars, foyers où se consumeront le restant des passions, qui sont le fond du caractère de l'indigène.

Comme après un incendie, on voit fumer çà et là quelques foyers, derniers témoins de choses qui ne sont plus.

Ce serait folie d'espérer que les Arabes se rallieront en masse. Numériquement, quoique diminués, ils existeront, mais divisés ; manœuvres, ouvriers, bergers, garçons de charrue ou soldats, ils apporteront dans le rôle secondaire qui leur est propre, leur somme de travail à la colonisation.

Çà et là, quelques Arabes soi-disant assimilés, encore propriétaires ou commerçants, mais que la civilisation doit s'assimiler elle-même à la longue. Pour les familles les plus travailleuses et les plus réfractaires aux émanations d'une société qui se meurt, ce sera l'affaire de quelques générations.

Tel est le sort qui, fatalement, attend les indigènes, et vers lequel les colons, les cultivateurs, doivent marcher sans sensiblerie et sans faiblesse.

Plus pratiques, les Anglo-Saxons, les Américains, ont refoulé partout les Peaux-Rouges. Il n'y avait rien à faire : on ne laboure pas avec des cerfs, on ne garde pas les brebis avec des loups.

Il est facile de faire sensibilité dans les colonnes d'un journal ou dans les marges d'un livre. Et la même naïveté générale qui nous a fait mettre à notre tête un Napoléon, nous a fait conserver, en Algérie, les indigènes avec leurs institutions, leurs caïds, leurs cadis, leur *Coran*, et conserver, dans cette même Algérie, l'autorité militaire.

A voir de telles erreurs qui ont une telle durée, c'est à désespérer ; et celui qui, dans l'examen des choses, n'a d'autre ambition que la recherche de la vérité, se sent arrêté dans sa marche et cherche à faire taire en lui cette voix qui semblerait dire que le droit et la liberté ne sont pas de ce monde.

A Dieu ne plaise cependant que je conseille ici, pour l'Algérie, le système de refoulement suivi par les Américains.

Les choses sont différentes, les Arabes ne sont pas des Peaux-Rouges, quels que soient leurs vices, qui ne sont que des vices résultant d'institutions mauvaises.

Je prêche l'établissement d'un système législatif qui, modifiant leur organisation, doit les changer du tout au tout. Si bien que quelques générations écoulées, la vue d'un Arabe ou musulman d'aujourd'hui dans le Tell, appartenant au Tell lui-même, sera le même objet d'étonnement que le sera un chameau.

Il sera changé, l'indigène, et n'aura que quelques souvenirs et des ressemblances de types que l'atavisme fera revenir, mais que l'infusion continuelle du sang européen fera peu à peu disparaître.

C'est que des routes, des chemins de fer sillonneront le sol. La vie, le sol même, seront tellement mouvementés, que l'Arabe ne saura plus trouver une place où rester stationnaire.

L'Algérie sera tellement riche que tout y aura une valeur : l'ombre des arbres se paiera, comme dans tous les pays civilisés, les terrains auront une telle valeur que l'on ne pourra en posséder de trop vastes espaces.

Adieu, les lointains horizons que le chameau déplaçait à son aise, le bancal du garde-champêtre apparaîtra, et, résignés et soumis, ils s'en iront, le chameau et l'Arabe, l'un portant l'autre, rêver et prendre du service à bord des caravanes du désert.

Le Coran et les interminables redites de Sidi Khelil

ne seront point enseignés à Constantine ni autres lieux ; je ne permettrai point que d'honnêtes gens et un gouvernement qui doit être tel, prêtent leur appui à de telles doctrines.

Je ne ferai point de cadis ni d'adels, pas plus que je n'élèverai dans une medersa d'un autre genre, des louveteaux et des lynx pour les lâcher ensuite.

Le Coran, on l'enseignait sous l'empire. Vous me direz : c'est un monument, un poëme. Cela est vrai ; les érudits le consulteront assez.

Je n'enseignerai point un livre qui a cent préceptes pareils à celui-ci :

« Lorsque vous rencontrerez des infidèles ; eh bien ! tuez-les.... etc., etc. » Sommes-nous pour les indigènes autre chose que des infidèles ? Et le Coran ne l'affirme-t-il pas clairement, ch. v., v. 77 ? Qui en doute ?

Ce serait pour vous, le Coran, un refuge de voleurs et d'assassins, laissez-le tomber en ruines. Ne faites rien pour le relever.

Vous avez l'Évangile que vous oubliez trop. Par quoi le remplacerez-vous ? A moins que vous ne vouliez mieux faire.

Rien n'aura manqué à cette époque, ni l'oubli des droits, ni l'oubli des devoirs, qui met à la place de l'action le sommeil, ni l'oubli de la religion qui rejette les hommes dans le vide, dans le néant, et met à la place de l'idée, le rêve.

LES ÉCOLES.

> La seule ville de New-York, me disait-il, possède deux cent soixante écoles fréquentées par deux cent vingt-six mille cent trente-sept élèves.
>
> E. PORTALIS. — *Les États-Unis, le Self-Gouvernement et le Césarisme.*
>
> L'instruction primaire est gratuite et obligatoire. L'instruction secondaire est conditionnellement gratuite.
>
> *Les lois futures.*

J'ai écrit pour chercher la vérité et formuler un système. L'aurai-je trouvé ?

« Rien ne vous plaît que le combat, » a dit Pascal, et plus loin : « Nous ne cherchons pas les choses, mais la recherche des choses. »

Dans cette recherche des choses, une conviction s'est formée dans mon esprit, c'est que la véritable pierre d'achoppement de la colonisation est et sera l'antagonisme de la race arabe.

Ceci étant établi, où est le remède ?

Chercher à les rallier en masse, je l'ai déjà dit, ce serait une folie.

La plus sûre manière de combattre cet antagonisme est de lui enlever ses armes. Les anciens errements devront donc être abandonnés, et de même que je ne souffrirai plus que l'on enseignât le Coran dans des medersa, je supprimerai aussi pour les indigènes, l'enseignement en langue arabe. Tout enseignement dans les écoles d'indigènes serait en langue française.

Ce serait la méthode qui ne différerait en rien de la méthode à l'usage des jeunes européens.

Comme l'instruction serait obligatoire en même temps que conditionnellement gratuite, il n'y aurait point d'écoles arabes, et ceci serait bien spécifié. *Dura lex, sed lex*. C'est à prendre ou à laisser. Qu'on me permette un exemple. Dans la Pologne allemande, l'instruction est obligatoirement en langue allemande.

Cela a donné les meilleurs résultats, et tandis qu'en 1830, la Pologne russe s'insurgeait, la Pologne alle- continuait dans la paix son assimilation.

Certes, si à cette même époque, 1830, un tel système eût été adopté à Alger, nous nous serions déjà préparé une génération qui n'aurait qu'à un degré bien moindre, les passions qui animent les indigènes.

C'est dans mon esprit une conviction que je voudrais faire passer dans l'âme des Algériens : que si les nouvelles générations ne sont point obligatoirement instruites dans la langue française, si les efforts les plus constants ne sont pas faits pour laisser le Coran dans l'oubli, jusqu'à ce qu'il ne soit qu'à l'état de souvenir, comme un vêtement démodé, incommode, une vieille armure qui ne servirait à rien et de rien : notre œuvre, l'œuvre de civilisation, sera toujours à la merci d'un marabout intrigant ; notre existence, dans lamain de fanatiques sans pitié.

Après la désagrégation de la tribu, l'instruction, l'instruction à grands flots en langue française pourra seule laver ce peuple.

Ce n'est point une chose impossible. Et vous pouvez ainsi en deux quarts de siècle opérer chez les indigènes la rénovation qui doit suivre forcément la période de corruption que nous avons traversée.

LA VIE NOUVELLE.

> La police des tribus, le seul côté utile des bureaux arabes, sera mieux faite par la gendarmerie, dont les mœurs et les habitudes, à la fois militaires et civiles, sont une garantie sûre de maintenir le bon ordre. Une légion par province suffira à donner la sécurité. Sa surveillance mettra fin aux désordres de la perception des impôts, source de tous les autres.
>
> CONSEIL MUNICIPAL D'ALGER. — Protestation du 18 mars au Chef du pouvoir exécutif. (*Algérie française*, mars.)

Tout ce que je pourrai ajouter ne fera que paraphraser cette vérité formulée par le Conseil Municipal d'Alger.

Véritable pierre d'assise de la société, le gendarme m'est toujours apparu comme la pierre angulaire de l'Algérie.

Le gendarme en impose, et l'indigène, dans son tempérament de cours d'assises, a besoin de tels réfrigérants.

Le gendarme, qui représente le droit en même temps que la force, sera comme tel respecté de l'indigène, qui méprise sitôt qu'il ne craint plus.

Dans la gendarmerie algérienne, l'élément indigène devra rentrer pour moitié ; on pourra les prendre dans les spahis et les tirailleurs, troupes excellentes où les choix sont faciles.

Les gendarmeries devront avoir leurs casernes au cœur des tribus ; leur premier devoir sera une surveillance active, leur rôle, d'être l'intermédiaire sûr entre l'administration, la justice, la perception des impôts et l'indigène.

On pourrait utiliser comme gendarmeries les smalas de l'intérieur et n'utiliser jamais dans leur pays même les gendarmes indigènes qui seraient enrégimentés.

Si dans cette dernière insurrection, la moitié des spahis eût été la gendarmerie du pays, dont le premier devoir eût été la surveillance incessante, si l'attitude de l'autorité n'eût point été une attitude expectante, la révolte eût été étouffée dans son germe et le sang des colons n'aurait pas coulé.

Mais me voilà bien loin de la vie nouvelle, dont le gendarme m'est apparu comme l'indispensable élément.

Les chemins de fer tiendront les grandes artères, partout ailleurs, les routes seront macadamisées, les troupeaux nombreux, les fourrages recherchés, les transports ne grèveront pas les céréales de façon à en empêcher la circulation, la valeur des produits augmentera de la diminution des frais de transport, les impôts seront abondants.

Les terres seront morcelées, divisées et deviendront des valeurs représentatives de sommes considérables.

Le Coran sera oublié.

Les grands chefs n'existeront plus, l'Algérie et les Arabes seront démocratisés.

Des idées nouvelles remplaceront les idées vieillies et mortes.

J'ai dit ailleurs que le ciel lui-même serait changé, ce ne sera plus ce ciel éternellement bleu et ce soleil qui blanchit les ossements ; des nuages s'interposeront, car des forêts seront nées qui rafraîchiront les vents du Sud, qui retiendront les nuages amenés par les vents.

Des forêts s'élèveront, refaisant au Franc, au fils de ceux que le Coran appelle les blonds fils du Nord, une patrie nouvelle, semblable à sa patrie première, aux forêts des Gaules.

Et, s'il n'en est pas ainsi que j'ai essayé de le marquer, si l'Arabe continue à apprendre le Coran, si le militaire continue à régner dans ce pays, si nous ne pouvons et ne savons installer à sa place un gouvernement civil digne, c'est-à-dire respecté et fort, si des sociétés ne s'occupent point activement des améliorations à faire au sol. Si l'administration des Forêts, aidée des sociétés et des Conseils Généraux, ne sait ni défendre les bois ni en créer de nouveaux, si tout cela n'est point accompli à la lettre :

Colon, qui que tu sois, pauvre ou riche, faible ou fort, quelles que soient tes qualités individuelles et ton humeur envahissante, tu trouveras des obstacles contre lesquels ta volonté ne sera rien. Ces obstacles, ce sont le soleil de plomb, la haine de l'indigène et l'arrière-pensée des militaires.

Pour prix de tes efforts de colon, tu n'auras qu'une misère imméritée et tous ses accompagnements ; et, comme suprême désespérance et suprême amertume, il ne te sera même pas refusé par tes gouvernants un mépris douteux de lui-même.

Et, s'il n'en est pas ainsi que je l'ai marqué, c'est-à-dire si notre race, peut-être appauvrie par l'infusion du sang latin, n'est pas propre à coloniser, si les obstacles doivent vaincre notre constance, si le gouvernement civil ne doit point remplacer l'autorité militaire, qui, en principe, est une honte après quarante ans d'occupation, notre colonisation ne sera jamais que nominale, il n'y aura qu'un monde de fournisseurs, d'intermédiaires, de transitaires dans cette époque de transition, notre occupation ne sera jamais que précaire, car viennent encore des jours orageux, ces jours dont Thiers a dit : « Il est des » jours, tristes jours, où le devoir est obscur, où les » cœurs les plus honnêtes sont perplexes. » Et tous les Arabes ébranlés sonneront pour l'Algérie des Vêpres Siciliennes.

Ce ne sera point l'armée qui sauvera le pays, malgré la valeur intrinsèque des corps africains ; elle ne saura se sauver elle-même.

J'ai essayé d'être juste et si ces pages, fruit d'une patiente expérience, ont été écrites dans un court moment où les passions sont surrexcitées, j'ai réussi, je crois, à me dégager de ces passions, j'ai voulu me dégager des influences, des choses de ce moment, car quelle que soit leur valeur, leur portée, ces choses d'un moment ne sauraient avoir d'influence sur un système qui veut être général et absolu. Je me suis borné pour ces choses même à me mettre en garde contre l'oubli et à prendre des notes.

Je me suis dégagé et de mes amitiés et de mes intérêts, et des étreintes de la famille. Je n'ai écrit, pour ainsi dire, que sous la dictée d'un homme qui n'aurait pas été moi-même.

Dans la chose qui est la plus indépendante de moi-même, dans mon jugement, j'ai pris la vérité partout où je la trouvais ; je n'ai voulu jeter du mépris sur personne, je sais trop que les hommes s'équivalent et que les circonstances et les milieux sont tout.

Seules les institutions peuvent les faire paraître meilleurs.

J'ai pris la vérité partout où je la trouvais, dans la religion, dans la politique, dans les intérêts du peuple. Car elle est pour moi, la vérité, comme le sommet de la montagne qui participe à la fois de tous ses points.

J'ai peine à quitter ces pages, qui sont le meilleur de ma pensée pour ce pays. Quelqu'incomplètes qu'elles soient, je les envoie. Une pensée me soutient, c'est que nous sommes en République et que sous une telle égide, nous ne saurions rester plus longtemps sous le régime militaire.

O République, ils disent de toi, tes ennemis, ils disent de toi aux républicains : certainement, votre gouvernement est le meilleur, c'est l'idéal. Mais les hommes sont tels..... et la société est si corrompue.... Je leur réponds : Qu'aurait dit Jésus si on lui eût représenté que le vieux monde était tel, avec ses empereurs, ses jeux du cirque et ses marchés d'esclaves, que sa religion était impossible ? Il eût souri.

Ainsi pour la République, et nous la voulons pour l'Algérie. C'est pourquoi nous ne voulons plus d'un système vermoulu. Poussez-le du pied, il s'écroulera, et une société nouvelle naîtra, dont le travail, les juges de paix, les lois remplaceront avec d'immenses avantages, l'oisiveté, la famine, les cadis et les assassinats du pays arabe.

Il faut vouloir.

Je voudrais me résumer, s'il est possible.

M. H. Duveyrier, dans les loisirs de sa captivité en Allemagne, a envoyé à l'*Algérie Française* (nᵒ du 14 avril 1871), une intéressante et bien juste étude sur les soulèvements actuels de l'Algérie.

A distance, il croit ne pas pouvoir juger des causes

passagères ; quant aux causes génératrices, il les voit dans la politique et la religion. Cette politique en Algérie, c'est la basse intrigue et l'ambition des grands chefs.

Avons-nous dit autre chose ?

Cette ambition, le système militaire a cherché à l'apaiser, à la satisfaire. Elle est par nature insatiable. Ce qu'ils mangent, se fond dans leur ventre, disent les Arabes de leurs chefs. On sait ce que veut dire ici le mot manger.

La religion, le même système l'a flattée, bercée, entourée de soins, sans voir qu'elle est par nature, la religion musulmane, exclusive de toute idée qui ne lui est point propre ; qu'elle est mortelle aux autres religions, mortelle aux peuples, mortelle à ses adeptes, mortelle à tous.

C'est donc sur ces deux points, que devra se porter l'attention du régime nouveau. Démocratiser les Indigènes, ne rien faire pour la religion musulmane, et surveiller activement et chasser au besoin les confréries religieuses dont les chefs sont bien connus.

Combattre cette religion, comme on combat toute religion, par les idées nouvelles, par des réformes, et aussi par l'application ferme de nos lois. Ne rien faire pour la soutenir, mais la laisser comme on laisse *en dehors des alignements*, sous défense de les réparer, ces vieilles maisons que la loi a frappées et que la force des choses condamne à une chûte prochaine.

Tébessa, 21 avril 1871.

CONSTANTINE. — TYPOGRAPHIE L. MARLE.